Erschienen bei FISCHER Duden Kinderbuch

© S. Fischer Verlag GmbH, Frankfurt am Main 2013
„Duden" ist eine eingetragene Marke des Verlags Bibliographisches Institut GmbH, Berlin.

Lektorat: Sophia Marzolff
Fachberatung: Ulrike Holzwarth-Raether
Illustration Lesedetektive: Barbara Scholz
Layout und Satz: Michelle Vollmer, Mainz
Umschlaggestaltung: Mischa Acker, Mannheim

Druck und Bindung: Print Consult GmbH, München
Printed in Czech Republic
ISBN 978-3-7373-3616-1

Gruselgeschichten

Beate Dölling und Didier Laget
mit Bildern von Dirk Hennig

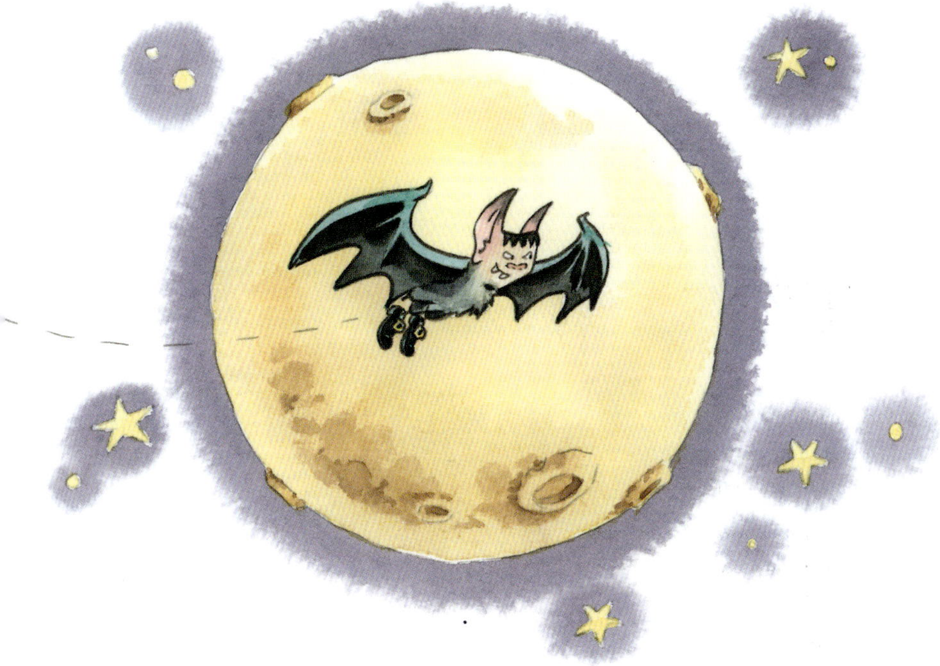

FISCHER Duden Kinderbuch

Inhalt

Eine ziemlich unheimliche Nacht	4
Der Klabautermann	22
Das Waldmonster	42
Tief unten im Schloss	62

Eine ziemlich unheimliche Nacht

Endlich Herbstferien!
Charlottes Koffer sind schon gepackt.
Sie fährt zu Tante Karin nach Berlin.
Papa bringt sie.
Charlotte besucht Tante Karin
zum ersten Mal ganz allein.

Tante Karin wohnt in einem Altbau.
An der Hausfassade
sind Figuren und Verzierungen.
Charlotte erkennt Gesichter,
die aussehen wie Fratzen.
Sie grinsen sie an.

In der Wohnung knarrt der Holzboden,
wenn man durchs Zimmer läuft.
Das kennt Charlotte von zu Hause nicht.
Die Fenster reichen fast bis zum Boden.
Die ganze Wohnung ist riesig.
In einem Zimmer steht sogar
eine Tischtennisplatte. Toll!

Weniger toll ist der Friedhof,
gleich nebenan.
Von ihrem Zimmer aus kann Charlotte
genau auf die Gräber schauen.
Der Gedanke, dass da Tote liegen,
lässt sie schaudern.

„Also, ich fahr dann mal", sagt Papa.
Sie verabschieden sich.
Als Papa das Auto startet,
fliegt ein Schwarm schwarzer Krähen
vom Friedhof auf.
Kreischend fliegen sie weg.
Unheimlich sieht das aus,
wie eine schwarze Wolke.

Charlotte spielt mit Tante Karin
eine Runde Tischtennis.
Tante Karin ist gar nicht schlecht,
aber Charlotte gewinnt.

Dann gibt es Abendbrot.
Kartoffelsalat und Würstchen.
Draußen stürmt es.
Laub raschelt an den Fenstern.
Oder sind das die Geister der Toten,
die vom Friedhof kommen?

In der Ferne hört man Polizeisirenen.
„Hilft die Polizei
auch bei Gespenstern?", fragt Charlotte.
Tante Karin lacht.
„Die Gespenster bleiben auf dem Friedhof.
Die können nicht über Mauern klettern."
Charlotte denkt:
„Aber vielleicht können sie fliegen?"

Später schauen sie noch
ein Ratequiz im Fernsehen.
Dann geht Charlotte ins Bett.
Sie ist so müde,
dass sie nicht mehr lesen mag.
Sie liegt im Bett und lauscht.
Überall knarrt es,
als wäre das Haus lebendig.

Autoscheinwerfer
machen lange Schatten im Zimmer.
Manchmal sehen die Schatten aus
wie Gestalten
oder wie die Fratzen von der Fassade.
Und flüstert da nicht jemand?

Plötzlich ist es ganz dunkel im Zimmer.
Charlotte traut sich nicht
die Hand unter der Decke hervorzunehmen,
um die Nachttischlampe anzuknipsen.
Sie weiß sowieso nicht,
wo der Schalter ist.

Da, da ist doch was in ihrem Zimmer!
Ein Lufthauch. Sie spürt es ganz genau.
Hilfe, die Gespenster kommen!
Charlotte holt tief Luft.
Sie glaubt eigentlich nicht an Gespenster,
das hilft ihr aber jetzt nichts.
Ihr Herz klopft ganz laut.

Da bewegt sich jemand
vor der Fensterscheibe.
Oder sind das Zweige?
Draußen ist alles schwarz.
Und wieder ein kalter Luftzug.
Charlottes Herz schlägt wie verrückt.
Bestimmt stehen die Untoten
schon vor ihrem Bett und
greifen mit knochigen Händen nach ihr.

Jetzt knurrt etwas neben ihrem Bett,
gefolgt von einem Gluckern.
Die leeren Mägen der Untoten!
Gleich werden sie ihre Decke wegreißen
und sich auf sie stürzen …

Charlotte zieht sich
die Decke über den Kopf.
Sie schwitzt. Und dann wird sie wütend.
Sie kann hier doch nicht einfach
liegen und auf den Angriff warten!
Mit einem Satz ist sie aus dem Bett
und hechtet zur Wand.
Charlotte knipst das große Licht an,
dreht sich um – und erschrickt.

1. Fall: Warum wird Charlotte wütend?

Sie will sich gegen die Gespenster wehren.

Da steht ein weißes Gespenst am Fenster!
Charlotte schlägt die Hände vors Gesicht.
Sie schreit und schreit,
bis die Tür aufgeht
und Tante Karin erscheint.

Sie will ihrer Tante die Meinung sagen.

Sie will ein anderes Zimmer.

Tante Karin umarmt sie, beruhigt sie.
Charlotte wagt einen Blick.
Das Gespenst ist noch da
und nimmt gerade die Hände vom Gesicht,
genau wie sie. Moment mal –
das ist … ja gar kein Gespenst!
Das ist sie selbst!
Ihr Spiegelbild im weißen Nachthemd
auf der dunklen Fensterscheibe.

Den Rest der Nacht darf Charlotte
bei Tante Karin schlafen.
Sie kuschelt sich gemütlich an sie.
Plötzlich spitzt sie die Ohren.
Auch hier gluckert und gurgelt etwas!
„Das ist die Heizung", murmelt Karin.
„Die muss ich dringend mal entlüften."
Charlotte lächelt. Die ganze Aufregung –
nur wegen einer gluckernden Heizung!
Charlotte knufft ihr Kissen zurecht
und dreht sich auf die Seite.
Jetzt hörte sie nur noch eines:
Tante Karins Schnarchen.

Der Klabautermann

Anton und Daniel
sind seit zwei Tagen an der Nordsee.
Gestern war tagsüber Ebbe
und heute ist es den ganzen Tag neblig.
Bei Nebel kann man nicht viel machen,
außer im Strandkorb sitzen
oder im Sand rumbuddeln.
Davon ist Anton nicht sehr begeistert.

Bald gibt es Abendessen
im Gasthaus „Zur letzten Möwe".
Anton und Daniel gehen schon mal vor.
„Aber kommt nicht vom Weg ab",
ruft Mama hinter ihnen her.
Es ist nämlich so neblig,
dass man kaum die Hand vor Augen sieht.
„Wir sind ja nicht Rotkäppchen",
sagt Anton und kichert.

„Mama hat Angst
vor dem Klabautermann", sagt Daniel.
Die beiden Brüder
gehen oben auf dem Deich entlang.
Sie können die Eltern
schon nicht mehr sehen.

„Wer ist denn der Klabautermann?",
fragt Anton.
„Ein fieser Schiffsgeist mit Holzbein."
„Ein Geist kann doch
kein Holzbein haben."
„Klar kann er! Der Klabautermann
hat sogar einen schwarzen Mantel!",
erzählt Daniel.

Es riecht nach Salz und Muscheln.
Die Luft ist feucht.
In der Ferne tutet ein Dampfer.
Der Nebel wird bei jedem Schritt dichter.
Anton gefällt das nicht.
„Echt doof hier.
Wenn man baden will,
ist entweder das Wasser weg,
oder es ist neblig", mault er.

„Aber das Watt ist toll", sagt Daniel.
„Da gibt es viel zu entdecken."
Und schon muss Anton sich von seinem
großen Bruder einen Vortrag anhören.
Über Wattwürmer, Priele und Krebse.
Das nervt Anton.
Er bleibt ein paar Schritte zurück.

Plötzlich merkt Anton, dass er
Daniels Schritte nicht mehr hört.
Auch seine eigenen Schritte
hört er nicht mehr!
Der Boden unter seinen Füßen gibt nach,
als gingen sie auf einer Wolke.
Der Nebel hüllt ihn ein
wie eine feuchte Decke.
Anton schaudert.

Anton bleibt stehen und sieht,
wie sein Bruder sich in Luft auflöst.
Schon sind von ihm
nur noch Umrisse zu sehen.
Mit einem Satz springt er nach vorn,
seinem Bruder hinterher,
und kriegt ihn gerade noch
am Ärmel zu fassen.

Er nimmt Daniels Hand.
„Muss das sein?", fragt Daniel.
„Sieht ja keiner", sagt Anton.
Er hält Daniels Hand ganz fest.
Und was war das? Ein Klopfen!
Tock – tock – tock!

2. Fall: Wann schaudert Anton zum ersten Mal?

Als er seine Eltern nicht mehr sieht.

„Hast du das gerade gehört?",
fragt Anton.
Daniel nickt.
„Das war der Klabautermann.
Er ist uns auf den Fersen.
Hörst du sein Holzbein?"
Anton hört gar nichts mehr,
weil sein Herz so laut schlägt.
Er hält die Luft an
und dann hört er es doch wieder:
tock – tock – tock –
ganz dicht hinter ihnen.

 Als Daniel vom Klabautermann erzählt.

 Als er Daniel nicht mehr hört.

Plötzlich schreit jemand. Jetzt
fährt auch Daniel erschrocken herum.
Das ist kein gutes Zeichen.
Daniel kann sonst alles erklären
und hat vor nichts Angst.
„Was ist?", flüstert Anton.

Daniel hält Antons Hand fester.
„Lass uns etwas schneller gehen",
sagt er.
Da hört Anton es wieder,
dieses Schreien – oder Lachen?
Lacht etwa jemand über sie?
Eine Watt-Hexe?
Oder die Frau vom Klabautermann?
„Das sind nur Lachmöwen", sagt Daniel.
Aber seine Stimme klingt so komisch,
als würde er es selbst nicht glauben.

Anton sieht nirgendwo Möwen.
Doch genau vor ihnen
erscheint eine verschwommene Gestalt.
Anton schreit auf.

Daniel und Anton fangen an zu laufen.
Sie stolpern, fallen hin,
sind voller Sand.
Sie sind nicht mehr
auf dem gepflasterten Deichpfad.
Sie sind vom Weg abgekommen.

Da ertönt wieder
das Klopfen des Holzbeins,
diesmal ganz dicht hinter ihnen:
tock – tock – tock!
Anton hat das Gefühl,
jemand fasst ihm in den Nacken.
Er duckt sich, springt zur Seite.
Er kann nicht mal schreien,
so sehr erschrickt er.

„Da seid ihr ja", sagt die Gestalt.
Es ist eine Hexe.
Oder die Frau vom Klabautermann.
Anton klammert sich an Daniel
und schaut genauer hin.
Nebelschwaden wehen vorbei
wie Gespenster.
Da erkennt er die Wirtin.
Hinter ihr taucht das Gasthaus
„Zur letzten Möwe" aus dem Nebel auf.
Mama und Papa stehen auf der Terrasse!
Anton rennt los und lacht.
Jetzt ist alles gut.

Bei diesem Wetter sitzt keiner draußen.
Nur ein Mann mit einem Hut
und einem langen, schwarzen Mantel.
„Na, habt ihr keine Angst gehabt
in dem dicken Nebel?", sagt er lachend.
Sein Lachen hört sich an
wie eine knarrende Tür.
„N-nein", sagt Daniel.
Seine Stimme klingt sehr dünn.

**3. Fall: Was stimmt?
Der Mann am Tisch
hat …**  einen brauner Hut.

Anton sagt gar nichts.
Sie gehen über die Terrasse ins Haus.
Als sie an dem Mann vorbeigehen,
grinst er Anton an. Er hat braune Zähne
und dicke Bartstoppeln.
Von seinem Grinsen wird Anton eiskalt.

 braune Zähne.

 ein bleiches Gesicht.

Anton schaut zu Boden
und will schnell an dem Mann vorbei.
Da bemerkt er,
dass der Tisch fünf Beine hat.
Aber kein Tisch hat fünf Beine!
Anton guckt richtig hin.
Es schnürt ihm den Hals zu,
als er sieht:
Das fünfte Bein gehört nicht zum Tisch,
sondern zu dem Mann.
Er hat ein Holzbein!

So schnell er kann,
huscht Anton an dem Mann vorbei.
Es ist, als fassten lange, kalte Finger
nach ihm.
In der Ferne lacht eine Möwe –
oder doch eine Hexe?
Oder die Frau vom Klabautermann?

Das Waldmonster

Es dämmert schon,
als Tom und seine Familie
das Ferienhaus erreichen.
Es ist ein einsames, kleines Holzhaus,
umgeben von hohen Tannen.
Hier wollen sie eine Woche lang bleiben,
ohne Strom, mitten im Wald.

Tom freut sich riesig.
Nur seine große Schwester Marie
ist jetzt schon schlecht gelaunt.
Eine Woche ohne Computer
und ohne ihre Freundinnen,
nur mit langweiligen Büchern und Natur,
das ist nichts für sie.
Tom findet Bücher nicht langweilig
und die Natur liebt er!

Papa setzt seine Stirnlampe auf
und holt die Sachen aus dem Kofferraum.
„Herrlich ruhig ist das hier", sagt er
und reicht Tom eine Tüte.
Marie sitzt noch immer im Auto
und dreht Haarsträhnen um ihren Finger.
„Glaub bloß nicht,
dass ich hier mit dir spielen werde!",
ruft sie Tom zu.
„Ich spiele nämlich nicht mit Babys!"

Mama runzelt die Stirn.
„Marie, Tom ist seit sieben Jahren
kein Baby mehr!
Und mit dreizehn ist man alt genug,
um beim Ausladen zu helfen.
Also hopp, hopp!"
Marie kommt aus dem Auto
und nimmt maulend einen Korb entgegen.

Im Haus ist es stockfinster.
Es riecht modrig.
Tom sucht nach dem Lichtschalter.
Da fällt ihm ein,
dass es ja keinen Strom gibt.
Mama zündet ein paar Kerzen an.
„Ist das nicht romantisch?", sagt sie.

Papa versucht
Feuer im Kamin zu machen.
Aber bis jetzt brennt nur das Papier.
Das Holz ist zu feucht.
Es raucht stark.

Marie stöhnt auf.
Gerade hat sie festgestellt, dass sie hier ihr Handy nicht aufladen kann.
„Wir sind sowieso in einem Funkloch", sagt Mama und grinst.

An der Wand hängen Geweihe
und ein riesiger Wildschweinkopf.
Die runden, schwarzen Augen
gucken Tom an.
Tom nimmt Mamas Hand.
„Ganz schön unheimlich hier",
flüstert er.
Mama küsst ihn auf die Wange.
„Morgen bei Tageslicht
sieht alles anders aus."

Tom und Marie dürfen jeder
ein eigenes Zimmer haben.
Unten gibt es eins,
gleich neben den Eltern.
Das andere ist oben,
sie haben es noch nicht gesehen.
Marie nimmt eine Kerze
und geht die Treppe hoch.
„Warte auf mich!", ruft Tom.
„Ich will nicht allein nach oben."

Die Stufen knarren
und die Kerze flackert.
Die Schatten an der Wand
sehen gruselig aus.
Mitten auf der Treppe
pustet Marie die Kerze aus
und macht: „Buuuuuh!"
Tom schreit auf. Marie lacht.
Tom rennt so schnell wie möglich
die Treppe runter.
Beinahe wäre er gefallen.

Zum Glück kommt Mama jetzt
mit nach oben.
Der kleine Raum befindet sich
am Ende eines langen Flurs.
Daneben gibt es noch eine kleine Tür,
die zum Dachboden geht.
„Ich will das Zimmer haben!", sagt Marie.
„Nein, ich", sagt Tom.
Mama sagt:
„Diesmal darf Tom entscheiden."
Tom grinst seine große Schwester an.
Nun muss sie unten
neben den Eltern schlafen.
Geschieht ihr recht!

Tom sitzt im Bett, Knie unterm Kinn.
Das Bett ist klamm.
Er mag die Beine nicht ausstrecken.
Schließlich weiß man ja nie …
Jemand rüttelt an den Fensterläden.
Bestimmt nur der Wind.
Aber kann Wind so sehr rütteln?

Tom zieht die Bettdecke höher.
Heult da nicht etwas?
Dann fängt es auch noch an zu regnen.
Es pladdert wie verrückt!
Tom stellt sich vor:
Gleich schwimmt das Holzhaus weg
und stürzt in einen reißenden Bach.

Tom hört ein Trippeln. Schritte?
Da ist auch ein Kratzen an der Wand.
Tom zieht die Decke bis an die Ohren.
Hätte er doch nur das Zimmer unten,
neben den Eltern genommen!
Bestimmt wimmelt es auf dem Dachboden
von Monstern.

Tom starrt an die Wand.
Hat sich da nicht gerade
die Tapete bewegt?
Das kann doch nicht sein!
Je länger er auf die Stelle starrt,
desto mehr bewegt sich die Tapete.
Tom hört ein Knurren.
Er sieht, dass die Tapete aufklafft
wie ein Maul.
Da kommt etwas zum Vorschein –
eine graue, dünne Hand!

Staubige Finger bewegen sich
wie Spinnenbeine durch das Loch.
Mit einem Sprung ist Tom aus dem Bett.
Er greift nach seinem Buch,
haut es auf die Finger
und schreit laut: „Mama! Papa!",
bis sich die Monsterhand
mit einem Jaulen zurückzieht.
Dann hört er noch,
wie das Monster wegläuft.

Mama und Papa stehen im Zimmer
und beruhigen ihn.
„Du hast schlecht geträumt, mein Schatz",
sagt Mama und nimmt ihn in die Arme.
Sie denken es auch noch,
als Tom ihnen das Loch in der Wand zeigt.
„Da hat sich nur die Tapete
vom morschen Holz gelöst", erklärt Papa.

Doch dann sieht Papa
die offene Dachbodentür nebenan
und im Staub verwischte Spuren
von einem geheimnisvollen Wesen.
Papa reibt sich erstaunt das Kinn.
Tom ist überzeugt:
„Ich habe nicht geträumt!
Ein Waldmonster wollte mich holen.
Aber ich habe es
in die Flucht geschlagen!"

Am nächsten Morgen
sind alle schon fertig mit Frühstücken,
als Marie an den Tisch kommt.
„Na, du hast ja einen festen Schlaf",
sagt Mama. „Hast du denn nichts gehört,
gestern Nacht?"
„Nein, wieso?", sagt Marie und gähnt.

4. Fall: Woran erkennt Tom den Täter?

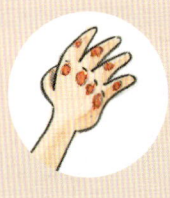 an den wunden Fingern

Tom will ihr schon
von seinem Abenteuer erzählen,
da bemerkt er plötzlich etwas:
Maries Finger sehen geschwollen aus.
Als hätte jemand mit einem
Gegenstand darauf gehauen.
Jetzt ist Tom klar:
Marie war das Waldmonster!
Seine Schwester tut so,
als wüsste sie von nichts.
Na warte, das gibt Rache!

 an den verletzten Fingern

 an den geschwollenen Fingern

Tief unten im Schloss

Seit Stunden
sitzt Paula nun schon am Tisch.
Das Hochzeitsessen endet einfach nicht.
Noch ein Gang und noch ein Gang
und noch ein Gang.
Paula ist pappsatt
und langweilig ist ihr auch.

Schon tausendmal hat sie gesagt,
dass sie acht Jahre alt ist,
und tausendmal hat sie gehört,
wie sehr sie ihrer Mutter ähnlich sieht.
Blöd, dass es hier keine Kinder gibt,
mit denen sie spielen könnte.
Nur Erwachsene und Babys!

Der Speisesaal hängt voll
mit alten Gemälden.
In den Ecken stehen Ritterrüstungen.
Von einem großen Wandteppich
schaut ein Drache zu ihr herab.
Er hat rote, glühende Augen.
„Guck mal, Mama,
der Drache bewegt sich!", sagt Paula
und zupft an Mamas Ärmel.

Mama nickt nur.
Seit Stunden quatscht sie nun schon
mit diesem komischen Cousin.
Der Cousin ist ganz blass
und hat so lange Zähne.
Als er Paula anguckt und lächelt,
zuckt sein Mundwinkel
wie bei einem Vampir,
der gleich zubeißen will.
Paula bekommt eine Gänsehaut.

Paula geht lieber mal aufs Klo.
Die Toiletten befinden sich
in einem anderen Gebäude.
Danach setzt sie sich
draußen auf eine Steinstufe
und spielt mit ihrem Handy.
Nanu, da geht ja eine Treppe nach unten!

Das schaut sie sich näher an.
Vor den Stufen hängt eine Eisenkette
mit einem Schild:
DURCHGANG VERBOTEN!
LEBENSGEFAHR!
Paula zögert keine Sekunde.
Lieber ein bisschen „Lebensgefahr"
als an Langeweile zu sterben.

Die Treppe hört und hört nicht auf.
Paula hält sich an der Wand fest
und steigt immer tiefer.
Es wird mit jedem Schritt dunkler
und kühler.
Die Stufen sind feucht.
Paula muss aufpassen,
dass sie nicht ausrutscht.

Wann endet diese Treppe endlich?
Erst im Mittelpunkt der Erde?
In Paulas Bauch kribbelt es.
Nur noch ein paar Stufen mehr,
dann will sie lieber umdrehen.
Nur noch eine Stufe und noch eine.

Plötzlich flattert etwas an ihr vorbei.
Eine Fledermaus?
Nein, es ist größer.
Vielleicht ein Vampir?
Paula fröstelt.
Sie holt ihr Handy aus der Tasche.
Mit dem bisschen Licht kann sie
ihre Füße und die nächste Stufe sehen.

Plötzlich hören die Stufen auf.
Vor ihr sind zwei Gänge,
einer geht nach rechts, einer nach links.
Das Schloss hat also Geheimgänge!
Und über ihr sitzen die Hochzeitsgäste
und alle reden und reden und reden.
Paula geht neugierig nach links.
Dann kommen wieder zwei Gänge.
Diesmal geht Paula nach rechts.
Das kann man sich gut merken:
immer abwechselnd,
mal nach links, mal nach rechts.
Das ist wie Hüpfen.

Der Gang wird schmaler,
die Decke tiefer.
Sie ist in einer echten Höhle!
Das ist gruseliger als eine Geisterbahn.
Etwas fällt ihr ins Gesicht.
Iiiih, ein Spinnennetz!
Paula leuchtet mit dem Handy,
sieht die Spinne noch weglaufen.
Die sieht ja riesig aus!

5. Fall: Was macht Paulas Herz?

 Es rast.

Da kommen rote Punkte auf Paula zu.
Drachenaugen? Oder Vampiraugen!
Jetzt hat Paula wirklich genug.
Sie dreht sich um und fängt an zu laufen.
Ihr Herz rast. Da geht das Handy aus.
Plötzlich ist es stockdunkel.

 Es klopft.   Es hämmert.

Mit beiden Händen
tastet Paula sich an der Wand entlang.
Die Wand ist kalt und schmierig.
Es ist, als wäre jemand hinter ihr her.
Eine schreckliche Bestie …
Paula stolpert, fällt hin,
kriecht auf allen vieren weiter.
Wo war nur die Abzweigung?

Da stößt sie mit dem Kopf gegen etwas.
Paula tastet danach.
Eine Holztür!
Dahinter hört man Geschepper.
Paula hämmert mit den Fäusten
gegen die Tür und ruft: „Aufmachen!"
Ein Schlüssel dreht sich im Schloss.
Knarrend öffnet sich die Tür.
Dann wird es hell.

Paula kneift die Augen zusammen.
Vor ihr steht ein Mann
in weißem Kittel und Kochmütze.
Hinter ihm riesige Töpfe.
Sie sind so groß,
dass man ein Kind darin kochen könnte.
„Wo kommst du denn her?",
fragt der Mann.

Staunend geht Paula
durch die große Schlossküche.
Ihre Beine sind ganz weich.
Der Koch starrt sie so komisch an.
Er hat riesige Hände und große Zähne.
Er ist so blass wie eine Leiche.
Oder wie ein Vampir.
Vielleicht ist er ein Bruder
von Mamas komischem Cousin?

So schnell sie kann,
rennt Paula durch die Küche,
an vielen anderen Köchen vorbei,
bis zu einer Tür.
Eine helle, große Treppe
führt hier nach oben.

Endlich ist sie zurück im Speisesaal
bei ihren Eltern.
Dort wird immer noch gefeiert.
Nur seltsam:
Der blasse Cousin mit den langen Zähnen
ist nicht mehr da.
War er etwa das flatternde Wesen
tief unten im Schloss?
„Na, mein Schatz, wollen wir tanzen?",
fragt Papa.
Und schon wirbelt Paula
in Papas sicheren Armen durch den Saal.

Was sagst du dazu?

Hast du Tipps gegen die Angst? Schreibe sie auf!

Möchtest du uns deine Tipps schicken?
Als Dankeschön verlosen wir unter den Einsendern zweimal jährlich tolle Buchpreise aus unserem aktuellen Programm!
Eine Auswahl der Einsendungen veröffentlichen wir außerdem unter www.lesedetektive.de.

S. Fischer Verlage
Lesedetektive-Redaktion
Kennwort: **Gruselgeschichten**
Hedderichstr. 114
60596 Frankfurt am Main
E-Mail: lesedetektive@fischerverlage.de

Lesedetektive von Duden: Leseförderung mit System

Erstlesebücher
1. bis 4. Klasse. Jeweils 32 oder 48 Seiten. Gebunden.

- Spannende und originell illustrierte Geschichten
- Abgestuft in Textmenge, Schriftgröße und Schwierigkeitsgrad
- Der Lesedetektiv fördert mit Fragen gezielt das Textverständnis
- Mit Detektivwerkzeug zur Entschlüsselung der Antworten

Lesedetektive. Mal mit!
1. und 2. Klasse. Jeweils 64 Seiten. Broschur.

- Neuartige Kombination aus Erstlese- und Malbuch für kreative Leseförderung
- Das Kind vervollständigt die Illustrationen selbst anhand des Textes
- Der Lesedetektiv hilft durch gezielte Aufgaben, die zeichnerisch gelöst werden

Lesedetektive gibt es auch zum Vorlesen ab 2 bzw. 4 Jahren und als Abc-Geschichten ab 5 Jahren

Weitere Informationen zu allen Titeln auf www.lesedetektive.de